JN409077

나보다 나를

더 사랑하는

나보다 나를

더 사랑하는

초판 1쇄 발행 2017년 4월 28일

지 은 이 홍기현
펴 낸 이 김금실

펴 낸 곳 북앤미(Book&Me)
책임디자인 이지선
주 소 서울시 서초구 동산로 6길 2, 602호
대표전화 070-7766-9500
이 메 일 book9500@naver.com
등록번호 제321-2010-000212호 (2010. 10.19)

책값은 뒤표지에 있습니다.

ISBN 978-89-966060-6-2 03810

나보다 나를 더 사랑하는

홍기현 유고시집

북앤미

아들아, 나는 너를 사랑한단다

김상복
횃불트리니티신대원대학교 명예총장
할렐루야교회 원로목사

47세의 젊은 나이에 이 땅에 가족을 뒤에 남기고 떠나야 하는 고 홍기현 전도사님이 남기신 시집을 읽으면서 그 분의 아름다운 영혼을 느낍니다. 신앙의 존귀함도 새롭게 느낍니다. 하나님을 향한 사랑과 가족을 향한 사랑, 그 오랜 세월 병석에 누우신 아버지를 돌보며 어머니를 감동시킨 아들, 그러면서도 인간의 가장 깊은 삶에 대한 열망과 소원을 표현한 그 분의 순박한 글이 제 마음을 흔듭니다.

난 정말 살고 싶습니다
그래서 오늘도
노래합니다
하늘에 빛나는 별이
모두 떨어질 때까지
나 정말 살고 싶습니다

– 〈별〉 중에서

그는 다시 같은 소원을 반복했습니다.

정말
살고 싶습니다
수만 번
되풀이 말해도
입에서 떠나지 않습니다
누구에게 말하는지
다른 말도 많이 있는데
왜 그 말밖에 없는지..... - 〈독백〉 중에서

인간의 가장 절박한 부르짖음입니다. 이 소박한 소원은 사실상 영원한 삶에 대한 메아리입니다. 아마도 뒤에 두고 먼저 가야하는 가족에 대한 사랑의 절규일 것입니다.

그러면서도 갈 길을 묻는 한 제자의 물음,

"제 갈 길은 어딘가요?" 그 물음은 허공을 향한 독백이 아니고 "주님"을 향한 고백이었습니다.

주님 앞에서 던지는 질문에는 답이 있습니다.

"아무것도 없습니다
어디로 가야할지 갈 곳도 없습니다"

그러면서도 자신의 질문에 스스로 답을 합니다.

"십자가 앞에서 바라봅니다, 기다립니다." - 〈간청〉 중에서

십자가면 족합니다! 십자가 앞에만 인생의 모든 답이 있습니다. 십자가 뒤에는 부활이 기다리고 있기 때문입니다.

이 땅의 마지막 순간을 눈앞에 둔 인간이면 누구나 이제 만날 그분 앞에서 확인하고 싶은 질문,

"제가 주님 보시기에 합당한가요?" 라고 여쭈어 보았습니다.

그 질문에는 대답이 필요 없습니다.

말이 없으신 주님
'아들아,
나는 너를 사랑한단다'
나의 마음 속
깊은 곳에서
주님 음성이 들려왔습니다 — 〈주님께〉 중에서

그 이상 무슨 답이 필요합니까?

'아들아, 나는 너를 사랑한단다'

이 따뜻한 한마디 음성은 인간이면 누구나 듣고 싶어 하는 마지막 속삭임입니다. 이 음성을 듣고 떠나신 홍 전도사님, 땅에서는 모두 울고 있어도 전도사님은 지금 주님 앞에서 활짝 웃고 계실 것입니다. 우리에게도 속히 오라고 손짓하십니다. 천사장의 나팔을 불게 하라고 주님께 재촉하고 계실 것입니다.

"따스한 햇살 나른한 오후 참 좋다." — 〈감사〉 중에서

“그의 삶은 하나님을 찬양하는 시였다”

김철해
베델교회 담임목사
횃불트리니티신대원대학교 은퇴교수

하나님에게도 특별히 사랑하는 사람이 있는 듯합니다. 다윗은 하나님의 마음에 합한 자라고 불리웠는데(행 13:22), 하나님은 특별한 주의 종들을 특별한 명칭으로 부르시고 사용하셨습니다(계 15:3). 아브라함은 친구라고 부르셨습니다. “이에 성경에 이른 바 아브라함이 하나님을 믿으니 이것을 의로 여기셨다는 말씀이 이루어졌고 그는 하나님의 벗이라 칭함을 받았나니” (약 2:23).

지금도 여전히 하나님의 특별한 사랑을 받는 사람들이 우리 주변에 많이 있습니다. 우리가 선물로 받은 귀한 고 홍기현 전도사님의 시를 읽으면서 홍전도사님이야말로 그런 사람이고 하나님은 이런 영혼을 사랑하지 않을 수 없을 것이라는 확신을 갖게 됩니다.

고 홍기현 전도사님의 유고 시집을 받고 단숨에 그의 시를 읽고는 또 다시 읽게 되었습니다. 그의 시는 군더더기 하나

없이 구절구절마다 영혼의 깊은 곳에서 울려 퍼지는 영혼의 찬양이었습니다.

저는 고 홍기현 전도사님과 많은 길을 공유했습니다. 대학생 선교에 목숨을 걸고 사는 그 길에서 사랑을 받았고 그 사랑을 다른 사람들에게 나누고 싶어 횃불트리니티신대원대학교에서 함께 시간을 보냈습니다. 그래서인지 그의 시들은 내게 와 그를 다시 만난 듯 살아서 움직였습니다.

20년 동안 횃불트리니티 강의실에서 만난 학생들이 많은 지라 시인의 이름만 듣고는 얼굴이 금방 떠오르지 않았습니다. 시집에서 본 그의 사진은 전혀 예상치 못했던 얼굴이었습니다. 충성스러우면서 조용하고 내성적이었던 얼굴…. 그 얼굴에서 자주 보았던 환한 미소가 함께 떠올랐습니다. 역시 그 마음속에 아름다운 시가 자라고 있었음을 알게 되었습니다.

하나님은 사람을 지으신 목적을 엡 2장 10절에서 "우리는 그가 만드신 바라 그리스도 예수 안에서 선한 일을 위하여 지으심을 받은 자니 이 일은 하나님이 전에 예비하사 우리로 그 가운데서 행하게 하려 하심이니라" 라고 말하고 있습니다. 그런데 맨 처음 부분('우리는 그가 만드신 바라')을 헬라어 원어에서는 "esmen poiema"로 읽는데 이 단어가 영어 단어 '시' (poem)의 어원입니다.

즉, 이 말씀을 문자적으로 번역하면 '우리는 하나님의 시' 라고 말할 수 있습니다. 사실 본문은 우리의 삶이 하나님을 찬양하라고 지음 받았고 하나님 자녀로 부름 받았다고 말하고 있습니다. 그런데 바로 고 홍기현 전도사님의 삶은 성경 말씀대로 하나님을 찬양하는 시였음을 그의 시집을 통해 알게 됩니다. 온 몸을 뒤덮는 고통을 하나님을 찬양하는 마음으로 극복하고 하나님께 영광으로 돌리는 귀한 고백의 삶을 하나님 앞에 드린 것입니다. 지금은 하나님의 특별한 사랑을 받으며 그 시를 날마다 새 노래로 찬양하고 있을 줄 믿습니다.

그가 땅에 사는 동안 불렀던 시들이 동일한 하나님을 아버지로 고백하는 모든 성도들에게 큰 위로와 공감으로 퍼지기를 바랍니다. 그의 시집 출간을 진심으로 축하하면서 사랑하는 성도들에게 강하게 추천합니다.

시는 소설이나 산문보다 많이 짧습니다. 그러나 시 한 줄을 읽을 때, 가끔 한 권의 소설책을 읽은 것보다 큰 영감과 이야기를 얻습니다. 홍기현 전도사님은 시 같은 삶을 사시면서 그런 시들을 남기셨습니다. 그 속에 아주 깊은 사랑의 비밀을 숨겨 놓으셨습니다. 특히 시 〈낙엽 날다〉가 마음에 와 닿습니다. 그는 바람은 새로운 곳으로 인도하는 하늘의 선물이며 하늘이 달아준 날개이니 두려워하지 말라고 속삭입니다. 이 속삭임을 함께 나누고 싶습니다.

구자영

횃불트리니티신대원대학교 총동문회장

벚꽃이 만발하게 핀 봄날 홍기현 님의 시집을 읽어보았습니다. 화려한 벚꽃은 그 화려함을 더욱 애상케 하듯 너무 짧은 시간 피고 집니다. 인생도 짧은 시간이지만 그가 기록한 글은 수 세대에 기억되는 인생보다 더 긴 가치를 지니고 있습니다. 횃불트리니티의 졸업생인 홍기현 님을 한 번도 만난 적은 없지만 그의 글을 통해 그를 느껴볼 수 있었습니다. 짧고 간결한 시상에는 병고 속에 정제된 그의 생애 말년만큼이나 투명하고 정직한 순수함이 느껴집니다. 영원에 잇대어 살아온 인생만큼 무게감, 심오함도 같이 느낄 수 있었습니다. 화려한 봄날 소천한 그가 남겨준 한 권의 시집은 봄꽃과도 같이 향기로운 뜻밖의 선물이었습니다. 그가 선사한 글 앞에 부끄러웠고 감사함이 많았습니다.

박형진

횃불트리니티신대원대학교 교수, 선교학

홍기현 전도사님! 선교적 열정으로 교회 중 · 고등부 학생들과 청년들에게 신앙의 확신과 사명감을 불러일으키시면서 애쓰셨던 모습이 가슴에 아련합니다. 하나님 앞에서 천진난만한 전도사님의 맑은 영혼의 유고시들이 독자들에게 잔잔한 감동과 함께 따뜻한 위로를 선사하리라 확신합니다.

심길보

양주남면교회 목사

홍전도사님은 무던히 더디지만 하나님의 전폭적인 뜻을 기다리는 신앙인이었습니다. 그래서 제가 배웠습니다. 시인이신 아버지 홍학희 집사님의 DNA를 물려받았나 봅니다. 유고시를 한 편 한 편 읽으면서 그를 다시 회상할 수 있었습니다. 보고 싶습니다. 우리의 남겨진 사명을 다하면 그 나라에서 기쁘게 만나요.

최인섭

건대선교교회 목사

이름 모를 들꽃처럼 사람들 눈에 띄지 않지만, 그 자리에 예쁜 꽃으로 피어 바람에 날리고 있다. 아무도 알아주지 않지만 그저 들풀의 향기로 바람에 날리고 있다. 비록 그는 지금 우리 곁에 없지만 아픔을 감사로 승화한 고마운 친구로 남아 있다. 고르다만 예쁜 십자가를 더 이상 고를 필요가 없게 되었다. 십자가를 많이 사랑하던 그를 남겨준 시로 기억할 수 있어 감사하다.

현옥철

국제의료봉사회 대표, 라파플러스의원 원장

위로

며칠이 지나도록
눈물만 흐르다가
결국엔
허탈한 웃음이 흘러 나왔습니다
내가 울고 있는 건지
내가 웃고 있는 건지
난 아프기만 한데
또 다른 나는 웃고 있습니다
마치 웃고 있는 내가
울고 있는 나를
위로하는 것 같습니다

차례

사랑한다, 말하고 싶어

아픔이 선물이라는 걸 알았지만

나보다 나를 더 사랑하는

바람을 두려워하지 마세요

여호와여 주께서 나를 살펴 보셨으므로
나를 아시나이다
주께서 내가 앉고 일어섬을 아시고
멀리서도 나의 생각을 밝히 아시오며
(시편 139장 1~2절)

바람을
두려워하지
마세요

새해 첫날엔

새해 첫날엔 하늘에서
하얀 눈이
펑펑 쏟아졌으면
좋겠습니다

하늘에서 내리는
하얀 눈에
더럽혀진 마음 씻어
하얀 마음으로
새해를 맞이하고 싶거든요

새해 첫날엔 하늘에서
하얀 눈이
펑펑 쏟아졌으면
좋겠습니다

봄비

후두둑 후두둑
들리나요
기나긴 추운 겨울
웅크리며
추스르며
목에 메이도록
목이 마르도록
기다렸던 이 소리
얼어붙은 대지를 녹이며
울려 퍼지는 천상의 소리
생명을 부르는
황홀한
찬란한 교향곡 소리
봄비 소리

꽃이 피었습니다

꽃이 피었습니다
어제도
그제도
본 적 없던
새 꽃 한 송이
아파서
아파서
너무 아파서
눈물로 지샌 밤
그날 밤 별빛에
꽃 한 송이
함초롬히 피어났습니다

낙엽 날다

바람이 불어오면
낙엽은 날 수 있습니다

바람이 불어오지 않으면
낙엽은 날 수 없습니다

그 어떤
모진 바람이 불어오든
그 바람은 당신을
새로운 곳으로 인도하는
하늘의 선물이랍니다

바람을 두려워하지 마세요

당신도
새로운 세상으로

날아갈 수 있으니까요

바람은
하늘이 달아준 날개입니다

단풍

저 멀리
푸른 하늘 머금고
맑고 투명한 물에 반짝이며
일렁이는 수채화 한 폭
노랑
주황
빨강
연록
황갈
파랑
처음 보는 화려한 색상으로 단장한
이름도 모르는 나뭇잎들
도란도란 속삭이며
일렁이는 바람 물결에
몸을 맡기고 춤을 추며

깊어가는 가을을 노래하는데
나뭇잎 사이 흘러드는 햇살이
물 위에 아름다운
가을 그림을 그립니다

커피 한 잔

방금 전 마신
커피 한 잔

맛도 향도 모르면서
홀짝거린 한 잔의 커피는
커피가 아니었습니다

이슬비 내리는 저녁
은은한 조명이 깔린
길모퉁이 커피 숍

맑고 투명한 유리창 너머로
길 가는 낯선 이방인의
신기한 듯 바라보는
시선을 마주하고
커피 한 모금

그것은

갈증

몸부림

그리고 잡힐 듯 잡히지 않는

신기루 같은 나의

작은 소망이었습니다

어떤 동행

내 마음에는
아픔이란 녀석이
살고 있습니다
떠나가라 해도
녀석은
떠나질 않습니다
들은 척도 않습니다
어떻게 해야 할까요?
사는 날 동안
이 녀석과 함께
동행해야 하는 걸까요?

별

난 정말
살고 싶습니다
그래서 오늘도
노래합니다
하늘에 빛나는 별이
모두 떨어질 때까지

나 정말 살고 싶습니다

살면서

살면서
아무런 후회도
아무런 미련도
남지 않게
모두 태워버리고
하얀 목련 활짝 핀 그 길 따라
정겹게 눈인사 나누며
한 걸음
한 걸음
그 분 만날 때까지만
살게 하소서

바보 하나 바보 둘

가슴 아픈데
아프다고 말하면
더 아플까봐
꾹꾹 참아가며
미소 짓습니다
바보 하나

사랑하고 싶은데
사랑한다고 말하면
가 버릴까봐
말 한 마디 못하고
보일 듯 말 듯
미소만 짓습니다
바보 둘

아침

무지개 색
아침 햇살
눈이 부셔 오히려 서러운 날
창 밖
철길 건너
한 무리의
아이들
가방을 메고 학교로 가는.....

훈장

너무 아프네요
내 손가락 끝에 난
조그마 상처

삶의 여정에서
기적처럼 만난
작은 훈장 하나

너무 소중해서
가슴에도 하나
새겨 넣습니다

축복

살고 싶어요
사랑하고 싶어요

이건
내 안에 심겨진
하늘의 소망

살아있다는 것
숨을 쉬고 있다는 건
내 안에 있는
하늘의 축복

감당하기엔 너무나도 벅찬
하늘의 축복

오늘

내 가슴이 이리도 아픈 건

이 축복이

얼마나 큰지 느껴보라는

하늘의 손짓

들꽃

이름도 모르는
들꽃 때문에

지금까지
걸어왔던 이 길이
아름다웠음을

한참을
지난 후에야
알았습니다

지금 걸어가는
이 길에도

이름도 모르는
수많은 사람들이
걸어가고 있습니다

마치 이름 없는 들꽃처럼

미소

매일 하늘을 보며
아프다는 말
들려주어도
여전히 아프기만 합니다

아픔을 말하려면
시간이 부족한 나
기쁨을 말하려면
어색한 듯 웃는 나

침묵하는 나
이런 내 모습에
하늘 보며 미소 짓습니다

꿈 그리고 꽃

꿈에서
꽃 한 송이 보았습니다

사랑한다, 말하고 싶어

내가 새벽 날개를 치며
바다 끝에 가서 거주할지라도
거기서도 주의 손이 나를 인도하시며
주의 오른손이 나를 붙드시리이다
(시편 139장 9~10절)

사랑한다,
말하고
싶어

두 사람

어스름 해 질 녘
이른 달빛 아래
다투는 두 사람

이젠
다정히 손잡고
마주보며 웃네

참 별난 두 사람
행복한 두 사람

위로

며칠이 지나도록
눈물만 흐르다가
결국엔
허탈한 웃음이 흘러 나왔습니다
내가 울고 있는 건지
내가 웃고 있는 건지
난 아프기만 한데
또 다른 나는 웃고 있습니다
마치 웃고 있는 내가
울고 있는 나를
위로하는 것 같습니다

예쁜 십자가

나는 오늘도
아주 예쁜 십자가를
찾고 있습니다
촉감도 부드럽고
목에 걸기에
딱 맞는
예쁜 십자가를
벌써 몇 년째
정성을 다해
고르고 또
고르고 있습니다

·

·

·

아, 그래서
내 안에 하나님이 안 계신가 봅니다

가을

아무도 없는 정류장
벌써 몇 시간째 오지 않는
버스를 기다리다
실바람에 이리저리
흔들리는 낙엽에 취해

요맘때만 되면
어릴 적 고향 찾아
머나먼 길 돌아오는
연어들처럼
얼굴을 내미는 녀석들

길 따라
흔들리는 낙엽 따라
닿을 듯 잡힐 듯
가을이 걸어가고 있습니다
소리도 없이.....

가 버린 생각

이 세상에 내 것은
하나도 없으며
우리가 가지고 있는
모든 것들은
그냥 잠깐 빌려 쓰는
것일 뿐이라는 생각이
왔다가 가버렸습니다
그 생각 또 올까요?

여우별

새벽하늘 여우별 하나
듬성듬성 엷은 구름 사이로
보이지 않는 얼굴
더 가리우고
에움길 길섶 살살이 꽃
막새바람 어우러져
미치도록 향기 날리며
춤을 추는데
하나 둘씩 떨어지는
꽃잎 따라
낙엽 따라
가을 따라
이 길 따라
그 사랑 떠나갑니다

아침 햇살

밤이 새도록
아팠습니다.
아픈 것 말고는
아무것도
할 수가 없었습니다
낮에도
밤에도
새벽에도

동트기 전
새벽엔
왜 서럽게 아플까요?
다음 날 새벽에도
어김없었습니다

그런 그 다음 날 아침에는
아침 햇살에 씻기어 간 아픔이
서러워서
그리워서
바보처럼 울었습니다

너 아침 햇살에 씻겨나간 아픔아

기다림

기다립니다
오지 않는 그 사람
마음 속에만 있는 그 사람
기다려 봅니다
오지 않을 거라는 거
잘 알고 있지만
행여나 하는 마음에
홀로 자리에 앉아
창문 틈 밝은 햇살
따스한 품에 안겨
푸른 하늘 흰 구름만
하염없이 바라봅니다

감사

따스한 햇살

나른한 오후

참 좋다

·

·

·

그리고 감사하다

나와 너

난 아픈데
넌 안 아프니?

난 아주 많이 아픈데
넌 하나도 안 아프니?

아파할 줄 모르는
넌 누구니?

주님!
그게 바로 나였습니다
그게 바로……

자랑

아파 본 적 없다고
자랑하지 마세요

삶의 한 순간을
성숙해질 수 있는
또 한 번의 기회를

정직하게 자신을
바라볼 수 있는 시간을

잃어버린 것일 수도 있습니다

말

나도 너처럼
사랑 한다
말하고 싶어

수업시간

난 국어시간이 좋아
난 음악시간이 좋은데
난 미술시간이 더 좋아
난 체육시간이 제일 좋아
와! 선생님 오셨다
차렷
경례
효도하겠습니다!
자, 이번 시간은
아픔에 관해서 배울 시간이다
어제 배운 거 복습해 볼까?

아픔은 신이 허락한 선물이다

아빠도

아빠도 아파본 적 있어?
응, 예전에

많이 아팠어?
응. 아주 많이 아팠어

그랬구나,
나 좀 아픈 것 같아
근데
지금보다 더 많이 아파지면
어떻게 하지?

아플 땐 매일 매일
하늘을 향해 노랠 불러봐
그러면 꽃이 필거야

만약 꽃이 피고나면
꽃이 질 때까지 좀
기다려 줘야해

그래야 그 자리에
열매가 맺히거든

돌아오는 길

아무렇지 않을 줄 알았는데
머리부터 발끝까지
성한 곳 하나 없는 상처투성이

허전한 가슴에 시린 추억은
찬바람 되어 스쳐 지나가고

수북하게 쌓아둔
산 다람쥐 도토리처럼
쌓여만 가는 그리움들
등 뒤로 못 본 척 밀어내며

햇살 물결 일렁이는
곱디고운 달래강 다리
건너오는 길

거짓말

가슴 아픈 일
하나 없이 세상을
살 수 있다면
그건 거짓말입니다
아니라고
사실은 그렇지 않다고
힘주어 외치고 싶지만
오히려 그것이 거짓말입니다

가슴이 아파야만
보이는
세상이 있기에

아픔이 선물이라는 걸 알았지만

주께서 내 내장을 지으시며
나의 모태에서 나를 만드셨나이다
(시편 139장 13절)

아픔이
선물이라는 걸
알았지만

사랑

사랑
참 어렵다

몰라서
몰라서
너무 몰라서
어렵다

성실

시간이란 녀석은
언제나 정해진 만큼
길을 갑니다

자로 잰 듯이
한 걸음씩 한 걸음씩
아주 성실하게 걸어갑니다

그 녀석만큼만 성실하다면
그 녀석만큼만 성실했다면

오늘은
그 녀석에게 성실에 관한
강의를 들어야 할 것 같습니다
이렇게 말하는
순간에도

그 녀석은

저만큼

자신이 가야 할 길을 묵묵히

걸어가고 있습니다

자화상

인생이란
회전목마를 타고

어제도,
오늘도
멀미하며 내달린다

한참을 달려도
언제나 그 자리

왜 그리
빨리 가려고만 했는지

거울 속에 비친
낯선 그 사람에게

시간을 내어

잠시 물어 본다

이유

이유를
모릅니다

하늘 아래
덩그마니
홀로 누워 있는
이유를

아픔

밤이 되면
제 집 찾아오듯
스멀스멀
기어오는 이 아픔

천 년 동안

저기 저 소나무
천 년 동안
서 있었다는데
아니 천 년을
몇 번 씩이나
지나왔다는데
정말
어깨도 아프고
다리도 아프고
허리도 많이 아프겠지!
혹 서 있는 이유를 몰라
가슴도 아플까?

독백

정말
살고 싶습니다
수만 번
되풀이 말해도
입에서 떠나지 않습니다
누구에게 말하는지
다른 말도 많이 있는데
왜 그 말밖에 없는지.....

기도

난 오늘도
내 마음 속에
숨어있는 또 다른 녀석들을 위해
기도를 합니다
웃고 있는 나
울고 있는 나
기뻐하는 나
슬퍼하는 나
행복해 하는 나
우울해 하는 나
나쁜 녀석들은 모두 떠나고
좋은 녀석들하고만 오래도록
함께 살았으면 좋겠습니다

마음의 병

병이 있습니다
사랑을 모르는
사랑할 줄 모르는
지독한 병이
내게 있습니다

겨울 앞에서

가로수 그늘 아래
수북이 쌓인
낙엽들 위로
소리 없이 떨어져 쌓여 있는
하얀 눈꽃송이

어제는 가을
오늘은 겨울

지금 난
지난 가을 소중했던
사람들에게
고맙다는 말
사랑한다는 말
그 한 마디 못하고

차가운 겨울 속으로

들어와 버렸습니다

좋은 날

이렇게 좋은 날
울어도 좋은 날
맑은 하늘 바라보며
소리 내어
목 놓아 울어도 좋은 날

햇살이 좋은 날
맑은 하늘 바라보며

그런
하늘을 닮지 못한 내 모습에
하루쯤 목 놓아
펑펑 울어도 좋은 날

그런 날 없을까?

몰랐습니다

몰랐습니다

얼마나 아픈지

얼마나 아픈지

얼마나 아픈지

아무 것도 모르면서
안다고
아프다고 했습니다

오! 주님

선물

아프네요
아프면 안되는데

아프네요
아프고 싶지 않은데

아프네요
아픔의 노래가 싫은데

아프네요
아픔을 허락한 적 없는데

아프네요
아픔이 선물이라는 걸 알았지만

꿈

꿈을 꾸었습니다

며칠 전 꿈속에서
천사가 보란 듯

춤을 추었습니다

눈을 뜨고 꾼 꿈이라
정말 꿈 같았습니다

광야

매일 매일 걸어도
끝이 없는 이 길
사람들은 저마다
행복을 꿈꾸며
이 길로 들어서는데

난
오늘도
나보다 더 아파하는
하늘
머리에 이고
주야장천
서 있습니다

하늘

오늘 따라
저 푸른 하늘이 유난히
가깝게 느껴진다
가을도 아닌데
뻐꾸기는 울고 있는데

향기

길에 밟히는 들꽃도
향기를 풍기네요
아무런 이유 없이
뜨거운 눈물이 흐릅니다

숨을 길게 한 번
더 내쉬어 봅니다
어디로 가는지
알 수 없어
오늘도 여기 서 있습니다

내가 알고 있는 것

단지
아직 살아 있음에
살아만 있음에
파르르 손이 떨려옵니다

내가 누구인지
여기가 어딘지
어디로 가는지
희뿌연 안개 속인데

선명히 알고 있는 것 한 가지
살아 숨쉬는 이 시간이
너무 길게
아프다는 사실입니다

돌려드리기

내 삶은
나만의 것이
아니라서
잘 살아 드린 후에
다시 돌려 드려야 했는데
난 너무
나밖에
몰랐나봅니다

준비

살아 있다는 건
하늘나라로 돌아갈 때
가져갈 훈장을 준비하는
시간인지 모릅니다

준비만 잘 하면
내 가슴엔 상처 대신
훈장이 가득할 겁니다

성장통

눈을 감아도
눈을 떠도

햇살이 살짝 스쳐도
바람이 곁을 지나가도

낙엽이 웃고
낙엽이 울고 있어도

날이 다 저물어
달이 또 떠오르는데도

이 놈은 떠날 줄 모릅니다
이 놈 때문에 아프기만 합니다

낼 모레면 지천명

아직 가야 할 길은

많이 남지 않은 듯한데

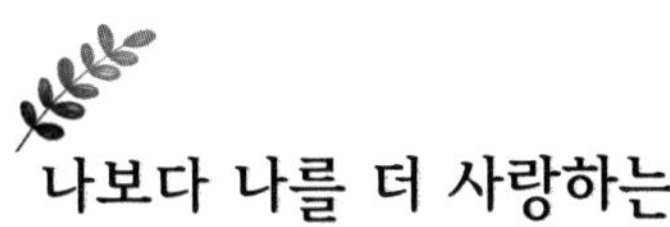

나보다 나를 더 사랑하는

내 형질이 이루어지기 전에
주의 눈이 보셨으며
(시편 139장 16절)

나보다
나를
더 사랑하는

처음부터 계신 그 분

왜 몰랐을까
바보같이

왜 몰랐을까
바보같이

처음부터
함께 계셨는데

그분이 없었더라면
나도 없었을텐데

아! 왜 몰랐을까
처음부터 함께 계셨던 그분을

쓰레기

다
비워내고 싶습니다
쓰레기통을
거꾸로 들고
밑동을 탕탕 두들겨
깨끗이 비워내듯이
나도 거꾸로 들고
밑동을 두드려
내 안에 있는 쓰레기들을
모두
비워내고 싶습니다

내 마음이 완전히 깨끗해질 때까지.....

간청

아무것도
없습니다
어디로 가야할지
갈 곳도
없습니다

주님
제 갈 길은 어딘가요?

십자가 앞에서
바라봅니다,
기다립니다

나의 기도

하나님,
왜 살려달라고
말할 수밖에
없는 걸까요?

다른 말들도
많이 있는데

나의 말이
기도가 된다는 걸 알면서도
더 예쁜 기도로
꽃 피우지 못할까요?

눈 속에서도
꽃이 피는데

내 입술에서는

왜 꽃이 피지 못할까요?

아버지 누우신 자리

아주
오랜 기도의 향연(香煙)*을
올려 드리고
아버지 누우셨던
그 자리에
나 처음으로
누워봅니다

한때는
미웠던 사람
서러웠던 사람
죄송한 사람
아버지란 이름의
고마운 사람

많이 힘들었을텐데
이제 그만
집으로 가라고
불편한 몸 이끌고
구천을 돌아 돌아
찾아오신 분
다른 이들보다
이승에서의 모습을
한 번 더 볼 수 있게 해주신 분

* 향연이 성도의 기도와 함께 천사의 손으로부터 하나님 앞으로 올라가는지라
 –계 8:4 참조

피아노 소리

어디선가 들려오는
피아노 소리
감사합니다

아름답게 연주를 한
그 사람에게도
감사합니다

이토록 아름다운
음악을 들을 수 있도록
허락하신 그 분께도
감사를 드립니다

십자가 앞에서

나 살고 싶은데
죽으라 하네

나 정녕 살고 싶은데
죽으라 하네

아, 어이할거나!

이제야
날 위해 죽으신 주님 마음
알 수 있네

엘리 엘리 라마사박다니
엘리 엘리 라마사박다니.....

햇살

오월의 아카시아
나뭇잎 사이로
춤추는 저 햇살
뭐가 그리 좋을까요?

고통의 잔

내
고통의 잔
대신
마시는 하늘

삶의 무게

어느 날 문득
살아 있다는 사실이
감당할 수 없는
무게로 다가옵니다

삶이
고단해서가 아니라
생각했던 것보다
훨씬 더 가치있음을
깨달았기 때문입니다

살아 있다는 건
믿을 수 없을 만큼
큰 축복

지금까지 난

아무것도 모르면서

살려고만 했습니다

문제

우리들이 사는 이 세상
이해하고 외운 다음
그 공식에 대입하면
해결 되는 문제들이 많습니다

하지만
어떤 경우에는
꼭 믿어야 만이
해결되는 문제들이 있습니다

그것들이 정말 문제입니다

목련

사랑이었네
변하지 않는 사랑
흔들리지 않는 사랑
나보다 나를 더
사랑하는

그토록 찾아 헤매던
사랑이 거기 있었네
눈 속에 피어난
한 송이 목련처럼

끝이 없는 길

한 걸음 두 걸음
천천히 걷다 보니
마음속에 난 길을 따라
여기까지 왔습니다

내 마음 속에서
시작한 이 길
누군가의 마음에
이어지기 전까지
끝이 없을 것 같습니다

아파야만

아파야만
보이는 것이 있고

아파야만
만날 수 있는
세상이 있습니다

아파야만
타인의 아픔에
발걸음을 멈출 수 있고

우리 때문에
십자가에서
주님이 얼마나
아프셨는지 알 수 있습니다

상처에게

너무 아프네요
얇은 면도칼에 베인 상처
살며 사랑하며
생긴 내 삶의 흔적

아프지만 그 상처에게
사랑한다는 말
고맙다는 말
정말 수고했다는 말
들려주고 싶습니다

"감사합니다."

주님께

“제가
주님 보시기에 합당한가요?“
라고 여쭈어 보았습니다.

말이 없으신 주님

‘아들아,
나는 너를 사랑한단다’

나의 마음 속
깊은 곳에서
주님 음성이 들려왔습니다

별똥별

밤하늘의 별똥별이
하늘에서 떨어지는 건

자기 할 일을
다 끝마쳤기 때문이라는데

그래서 저토록 아름다운가

내게 주어진 삶을
다 마무리 하면
나도 아름다울 수 있을까

자신의 일을 다 끝내고
영원한 안식의 품으로 돌아가는
저 별의 뒷모습이
왜 그리도 아름다운지

순종

아! 예수님
나의 사랑
나의 모든 것 되시는 주님
감사합니다
이제야 순종합니다

죽음의 고통을 넘긴 기도의 향연(香煙)

이대훈(수필가)

나의 기억 속 홍기현은 여린 성품의 어린 아이였다. 평소 별로 말이 없이 그저 학교와 집을 오갔던 그런 그에게서 나는 별다른 느낌을 받지 못했었다. 홍기현의 이번 유고시집을 보고 나서야 그의 마음속에 어떤 것이 자리하고 있었는지를 알게 되었다.

홍기현의 시는 맑고, 깨끗하고 군더더기가 없다. 이는 자신과 주위의 모든 사람들과 환경에 감사하고 사랑하는 마음을 가지고 있었던 시인의 삶과 맞닿아 있다. 아버지를 떠나보내기 전까지 병구완을 했던 시인은 아버지를 한때는 밉고 서러웠지만, 죄송하고 고마운 사람으로 솔직하게 고백한다. 시 〈아버지 누우신 자리〉에서 시인은 아버지에 대한 여리고 애틋한 마음을 내보인다.

아주
오랜 기도의 향연(香煙)을
올려 드리고
아버지 누우셨던
그 자리에
나 처음으로
누워봅니다

한때는
미웠던 사람
서러웠던 사람
죄송한 사람
아버지란 이름의
고마운 사람

많이 힘들었을텐데
이제 그만
집으로 가라고
불편한 몸 이끌고
구천을 돌아 돌아
찾아오신 분
다른 이들보다

이승에서의 모습을
한 번 더 볼 수 있게 해주신 분

– 〈아버지 누우신 자리〉 전문

시인은 림프암이라는 희귀암과 싸워야 했다. 그러나 시인은 불치병에 걸린 자신을 원망하고 자책하기보다 병을 만난 그래서 아픔을 견뎌야 하는 자신을 대상화하고 받아들이며 아픔이란 결국 하나님의 선물이었다고 노래한다. 시인은 또한 아픔의 고통을 아름다운 꽃, 무지개, 가을을 아름답게 물들이는 단풍잎과 같이 표현하며 그 아픔마저도 사랑했다.

내가 울고 있는 건지
내가 웃고 있는 건지
난 아프기만 한데

(중략)

마치 웃고 있는 내가
울고 있는 나를
위로하는 것 같습니다

– 〈위로〉 부분

대학시절부터 선교단체의 동아리 활동을 했던 시인은 하나님의 부름을 받은 전도자였다. 시 〈예쁜 십자가〉는 하나님앞에서 합당한 자로 서고자 했던 시인의 솔직한 고백의 기도이다.

나는 오늘도
아주 예쁜 십자가를
찾고 있습니다
촉감도 부드럽고

목에 걸기에
딱 맞는
예쁜 십자가를
벌써 몇 년째
정성을 다해
고르고 또
고르고 있습니다

·
·
·

아, 그래서
내 안에 하나님이 안 계신가 봅니다

– 〈예쁜 십자가〉 전문

위의 시에서 시인은 자신이 찾는 십자가는 예쁜 십자가였을 뿐 진정 예수님의 고난의 십자가가 아니었음을 고백한다. 신학대학원에서 목회학석사과정을 졸업하고 지역 교회에서 학생들과 청년들에게 말씀을 전하는 전도사였던 시인에게 있어 이 고백의 시는 예수님을 세 번 부인할 수밖에 없었던 인간 베드로나 예수님을 따라다녀서 한자리 차지하려고 했던 요한과 야고보 형제를 생각나게 한다. 이 시는 번영신학을 따라 기복적 신앙으로 기울기도 하며 십자가의 진정한 의미를 상실하기도 하는 연약한 인간인 우리 모두의 기도일 수 있다.

그러나 그는 시 〈낙엽 날다〉에서 바람을 두려워하지 말라고 노래하며 하나님의 임재에 대한 깨달음을 전한다. "모진 바람이 불어오든/그 바람은 당신을/새로운 곳으로 인도하는/ 하늘의 선물"이니 "당신도/ 새로운 세상으로/ 날아갈 수 있으니까요"고 일러주고 "바람은/ 하늘이 달아준 날개"라고 속삭인다.

시 〈목련〉에서 십자가의 고난은 나보다 나를 더 사랑하는 하나님 아버지의 사랑이었으며 급기야 시 〈수업시간〉에서 "아픔은 신이 허락한 선물"이라고 고백한다.

난 국어시간이 좋아
난 음악시간이 좋은데
난 미술시간이 더 좋아
난 체육시간이 제일 좋아
와! 선생님 오셨다
차렷
경례
효도하겠습니다!
자, 이번 시간은
아픔에 관해서 배울 시간이다
어제 배운 거 복습해 볼까?

아픔은 신이 허락한 선물이다

– 〈수업시간〉 전문

한편, 불치병 앞에 죽음의 문턱을 경험한 시인 역시 누구나처럼 삶에 대한 애착에서 자유로울 수 없었다. 이것은 인간으로서 너무나 자연스런 모습일 터이다.

정말
살고 싶습니다
수만 번
되풀이 말해도
입에서 떠나지 않습니다
누구에게 말하는지
다른 말도 많이 있는데
왜 그 말밖에 없는지.....

– 〈독백〉 전문

어찌 아니 그렇겠는가? 위의 시에서처럼 인간으로 이런 외침은 너무나 당연한 것이리라! 회복하기 어려운 병상일수록 삶에 대한 애착이 강해진다고 한다. 시인의 시 〈독백〉이 애절하게 다가오는 이유이다. 시 〈나의 기도〉는 역시 투병 중인 모든 이들의 기도가 될 것이다.

하나님,
왜 살려달라고
말할 수밖에
없는 걸까요?

다른 말들도
많이 있는데

나의 말이
기도가 된다는 걸 알면서도
더 예쁜 기도로

꽃 피우지 못할까요?

눈 속에서도
꽃이 피는데

내 입술에서는
왜 꽃이 피지 못할까요?

– 〈나의 기도〉 전문

마지막으로 시인은 시〈별똥별〉에서 자신이 가야할 길과 영원한 안식에 대하여 말하고 있다.

밤하늘의 별똥별이
하늘에서 떨어지는 건

(중략)

자신의 일을 다 끝내고
영원한 안식의 품으로 돌아가는
저 별의 뒷모습이
왜 그리도 아름다운지

– 〈별똥별〉 부분

그랬다. 시인은 자신의 마지막이 자신의 일을 다 끝내고 영원한 안식의 품으로 돌아가는 별똥별과 같을 것이라고 말하고 있다.

그러나 시인은 결코 별똥별같이 될 수 없다. 하나님의 사람 홍기현 시인은 다음의 찬송가 가사와 같이 지금도 하늘나라에서 가장 빛나는 별로 우리를 비추고 있을 것이기 때문이다. 필자는 여기에서 찬송가 〈예수께서 오실 때에〉를 인용해 홍기현 시인을 하나님이 계신 하늘나라, 이제 시인도 함께 있는 영원한 하늘나라로 보내드리고자 한다.

예수께서 오실 때에 그 귀중한 보배
하나라도 남김없이 다 거두시리
예수께서 오실 때에 그 귀중한 보배
하나라도 남김없이 다 거두시리
새벽별 같은 보배 면류관에 달려
반짝반짝 빛나게 비치리로다.

정한 보배 빛난 보배 주 예수의 보배
하늘나라 두시려고 다 거두시리
새벽별 같은 보배 면류관에 달려
반짝반짝 빛나게 비치리로다.

– 아 멘 –

미소 잃지 않았던 아들아!

박순남(고 홍기현 시인 어머니)

2016년 4월 28일 기현이를 먼저 떠나보냈다. 기현이는 정말 착하고 성실한 효자였다. 아들은 남편이 중풍으로 11년 동안 병치레를 할 동안 아버지의 대소변 및 목욕 수발, 아버지를 모시고 교회 가는 일을 혼자 다 해냈다. 아들은 형과 조카, 그리고 엄마인 나에게 불편한 표정을 짓거나 말 한마디 대꾸하지 않고 기도와 물질로 도움을 주었다.

아들은 전도사로 사역하던 양주 남면 장로교회를 2014년 10월, 사직하고 40일 금식기도를 시작했다. 금식을 마친 아들은 일어서지도 못할 정도로 몸이 쇠약해졌지만 내가 동생 내외와 함께 금식 기도원을 찾았을 때 "낳아주셔서 감사하다"며 큰절을 올렸다.

금식 후 집에 돌아와 힘든 가운데서도 아들은 얼굴에 미소를 잃지 않았다. 어느 날, "엄마!" 하고 불러서 가보니 아들은 웃으면서 하나님께서 자신한테 말씀을 주셨다고 하며 요한계시록 22장 1~5절을 읽어 보라고 했다.

> "또 그가 수정같이 맑은 생명수에 강을 내게 보이니 하나님과 및 어린양의 보좌로부터 나와서 길 가운데로 흐르더라. 강 좌우에 생명나무가 있어 열두 가지 열매를 맺되 달마다 그 열매를 맺고 그 나무 잎사귀들은 만국을 치료하기 위하여 있더라. 다시 저주가 없으며 하나님과 그 어린양의 보좌가 그 가운데 있으리니 그의 종들이 그를 섬기며 그의 얼굴을 볼 터이요. 그의 이름도 그들의 이마에 있으리라. 다시 밤이 없겠고 등불과 햇빛이 쓸 데 없으니 이는 주 하나님이 그들에게 비치심이라. 그들이 세세토록 왕 노릇하리로다."

난 이 말씀을 읽고 너무 좋아 "어떻게 이렇게 좋은 말씀이 있니?" 하고 묻기도 했다.

2015년 2월 어느 날, 새벽에 기현이는 방에서 혼자 조그마한 소리로 찬송가 151장 후렴 "♬~♪십자가 십자가 내가 처음 볼 때에 나의 맘에 큰 고통 사라져 오늘 믿고서 내 눈 밝았네 참 내 기쁨 영원하도다" 를 계속 부르고 있었다. 나도 찬양을 따라 하며 앞으로 말씀을 선포하는 기회를 아들에게 허락하시니 '하나님 감사합니다' 라고 기도를 드렸다.

이후 아들은 림프암이라는 진단을 받고 여러 가지 치료를 받으며 투병생활을 했다. 그러나 곧 정금같이 일어나리라고만 생각했다. 하나님께서 말씀을 선포하는 증인이 될 아들을 그렇게 데려가시리라고는 상상도 하지 못할 일이었다. 엄마로서 아들을 먼저 보낸 이 슬픔을 어떻게 표현할 수 있을까?

기현아! 너의 고통을 이해하지 못했던 어미를 용서해주렴. 사랑 한다 아들아! 보고 싶다 아들아! "엄마" 소리 한번 듣고 싶구나. 엄마는 너와 형이 인생의 전부였지. 어미 심정을 알 사람은 아무도 없단다. 오직 하나님 한 분이시지. 내 아들 정말 착하고 성실한 아들 엄마 걱정, 형 걱정, 하은이 석영이 석주 걱정하면서 기도 많이 했지. 그 동안 고생 많았지. 미안하고 또 미안하다. 객지로 다니면서 공부하며 여의치 못해 마음고생 몸고생…. 이 엄마를 용서해주렴.

기현아! 너는 누워서 두 손 들고 기도했지. 너의 모진 고통을 하나님은 아실거야. 부활 주일날 엄마와 함께 부활 예배에 참석했었지. 기현아, 부활 주일이 돌아오고 있다. 다시 만날 날을 기약한다. 하나님 나라에서 만나자.

-부족한 엄마가-

소중함

나와 언니들
아빠 할머니 할아버지,
우리들을 위해

어미개의 마음으로
감싸주던 그를

한참이 지난 후
왜 이제야 깨달았을까

저 캄캄한 하늘에
홀로 있는 달 옆에는
북극성이 있었다는 것을

고맙습니다
감사합니다
그리고 죄송합니다

– **홍석주**(고 홍기현 시인 조카)